ISSÉ,

PASTORALE

HÉROÏQUE,

EN CINQ ACTES,

Repréſentée, devant SA MAJESTÉ,
à Verſailles, le 18 Décembre 1773.

DE L'IMPRIMERIE

De P. Robert-Christophe Ballard, ſeul Imprimeur, pour
la Muſique de la Chambre & Menus-Plaiſirs du Roi, &
ſeul Imprimeur de la grande Chapelle de Sa Majeſté.

M. DCC. LXXIII.
Par exprès Commandement de Sa Majeſté.

Les Paroles sont de feu M. LAMOTHE.

La Musique de feu M. DESTOUCES, avec des changemens dans les Fêtes, par M. BERTON, Maître de la Musique du Roi, Directeur de l'Opera.

PERSONNAGES CHANTANS DANS LES CHŒURS.

CÔTÉ DU ROI.

Les Dlles.	Les Srs.
Canevas.	Joguet.
Girardin.	Cochois.
Le Bourgeois.	Surville.
Dubois M.	Bosquillon.
Favier.	Abraham.
Camus.	Roisin.
Mezieres.	Cachelievre.
Fontenet.	Cuvillier.
Le Clerc.	Fleury.
Arnoud C.	Puteau.
Friard.	Platel.
Denis.	Durais.
Renard.	Le Begue.
Du Chateau.	Bazire L.
Le Gros.	Vandeuil.
D'Aloyeau.	Bazire C.
Picot.	Piercourt.
Le Miere.	Le Roux.
Bertin.	Charles.
	Marcou.
	Puceneau.

CÔTÉ DE LA REINE.

Les Dlles.	Les Srs.
Dubois 1.	Cailteau.
D'Aigremont.	Hery.
Desjardins.	Van Hecke.
Aubert.	Martin.
Dumats.	Larlat.
Reich.	Vatelin.
Véron.	Tourcati.
D'Hautrive.	Lagier.
D'Agée.	Gichard.
Laurette.	Couss.
Des Rosieres.	Ducornet.
Godoneche.	Joly.
Duval.	D'Ercourt.
Voisin.	Rey.
Demerey.	Bois.
Garus.	Laurent.
Laure.	Jouve.
Rostene.	Lainés.
	Meon.
	Cleret.
	Buquet.

A ij

PERSONNAGES DANSANS.

ACTE PREMIER.

ACTE SECOND.

ACTE TROISIÈME.

ACTE QUATRIÈME.

ACTE CINQUIÈME.

ACTEURS DE LA PASTORALE.

APOLLON, *déguisé en Berger, sous le nom de* PHILEMON. Le S^r. LE GROS.

PAN, *déguisé en Berger, confident d'*APOLLON. Le S^r. DURAND.

HILAS, *Berger.*   Le S^r. L'ARRIVÉE.

ISSÉ, *Nymphe, fille de Macarée.* La D^{lle}. ARNOULD.

DORIS, *sœur d'*ISSÉ. La D^{lle}. L'ARRIVÉE.

*Suite d'*HILAS.

DEUX BERGERES. { La D^{lle}. L'ARRIVÉE. La D^{lle}. BEAUMESNIL.

BERGERS, BERGERES & PATRES.

UN BERGER.   Le S^r. LAINÉ.

LE GRAND PRÊTRE *de la Forêt de Dodone.* Le S^r. PLATEL.

PRÊTRES & PRÊTRESSES.

L'ORACLE.   Le S^r. MUGUET.

SILVAINS & DRYADES.

UNE DRYADE.   La D^{lle}. L'ARRIVÉE.

SONGES.

LE SOMMEIL.   Le S^r. MUGUET.

ISSÉ,
PASTORALE-HÉROÏQUE.

ACTE PREMIER.
Le Théâtre représente un Hameau.

SCÈNE PREMIÈRE.

APOLLON, *déguisé en Berger, sous le nom de* PHILEMON.

Quand on a souffert une fois
L'amoureux esclavage,
Ah ! devroit-on s'exposer davantage
A gémir sous les mêmes loix ?

La cruelle Daphné dédaigna ma tendresse ;
De mes ardens soupirs, de mes soins empressés
Mon cœur ne receuillit qu'une affreuse tristesse.
Faut-il aimer encore ? Et n'est-ce pas assés
    D'une malheureuse foiblesse ?

    Quand on a souffert une fois
      L'amoureux esclavage,
Ah ! devroit-on s'exposer davantage
    A gémir sous les mêmes loix ?

SCÈNE SECONDE.

PAN, *déguisé en Berger*, APOLLON.

PAN.

A Qui vous plaignés-vous de vos nouvelles chaînes ?

APOLLON.

Pan, tu vois les témoins de mes tendres tourmens.

Les prés, les bois & les fontaines
Sont les favoris des amans ;

On passe ici d'heureux momens,
Même en s'y plaignant de ses peines,

Les prés, les bois & les fontaines
Sont les favoris des amans.

PAN.

Ne seront-ils témoins que de votre martire ?
Entendront-ils toujours vos languissans regrets ?
Apollon n'aura-t-il jamais
De plus doux secrets à leur dire ?

APOLLON.

J'espere d'être plus heureux ;
Mon malheur n'est pas invincible.
Les yeux charmans d'Issé m'ont demandé
mes vœux.
Ah ! ne serai-je pas le plus content des
Dieux,
Si son cœur sensible
Est d'accord avec ses yeux !

PAN.
Pourquoi lui déguiser votre rang glorieux ?

APOLLON.
Je veux, sans le secours de ma grandeur
suprême,
Essayer de plaire en ce jour :
Qu'il est doux d'avoir ce qu'on aime
Par les seules mains de l'amour !

Mais, je voi la Nymphe paroître.
Il faut contraindre encor mes tendres mou-
vemens ;
Cachons-nous à ses yeux, & tâchons de
connoître
Quels sont ses secrets sentimens.

PASTORALE HÉROÏQUE.

SCÈNE TROSIÈME.

Issé.

Heureuse paix, tranquille indifférence,
Faut-il que pour jamais vous sortiés de mon cœur ?

Je sens que ma fierté me laisse sans défense ;
Rien ne peut me sauver d'un trop charmant vainqueur ;
L'amour, le tendre amour force ma résistance,

Heureuse paix, tranquille indifférence,
Faut-il que pour jamais vous sortiés de mon cœur ?

Je force encor mes regards au silence ;
Je cache à tous les yeux ma nouvelle langueur ;
Mais, que sert cette violence !
L'amour en a plus de rigueur,
Et n'en a pas moins de puissance.

Heureuse paix, tranquille indifférence,
Faut-il que pour jamais vous sortiés de mon cœur !

SCÈNE QUATRIÈME.

DORIS, ISSÉ.

DORIS.

J'Aime à vous voir en ce lieu folitaire,
Il offre mille attraits à des cœurs amoureux;
Vous y venés rêver; c'est un préfage heureux,
    Qu'enfin Hilas a fçû vous plaire.

Votre cœur dès long-tems fe devoit à fes feux.
On n'a jamais brûlé d'une ardeur plus fidelle;
    Bien-tôt par d'agréables jeux
Il vous en donne encore une preuve nouvelle.

ISSÉ.

Hélas !

DORIS.

    Avant cet heureux jour
Votre infenfible cœur ignoroit ce langage,
  Et ce foupir eft le premier hommage
    Que je vous vois rendre à l'amour.

PASTORALE HÉROÏQUE. 7

ISSÉ.

Que ne puis-je encor fuir son funeste escla-
vage !
Mes jours couloient dans les plaisirs,
Je goûtois à la fois la paix & l'innocence,
Et mon cœur, satisfait de son indifférence,
Vivoit sans crainte & sans desirs :
Mais depuis que l'Amour l'a rendu trop sen-
sible
Les plaisirs l'ont abandonné
Quel changement ! ô ciel ! est-il possible ?
Non, ce n'est plus ce cœur si content, si
paisible ;
C'est un cœur tout nouveau que l'Amour
m'a donné.

DORIS.

Se peut-il que votre cœur tremble ;
Quand il ne tient qu'à lui d'être heureux
dès ce jour ?
Il faut qu'avec Hilas un beau nœud vous
assemble,
L'Hymen, pour vous unir, n'attendoit que
l'Amour.

8   I S S É,

Quand un doux penchant nous entraîne,
Pourquoi combatre nos défirs ?
Eſt-il une plus rude peine
Que de reſiſter aux plaiſiirs ?

(*On entend une Symphonie.*)

I S S É.

Mais qu'annoncent ces ſons ! quel ſpectacle s'apprête ?

D O R I S.

Pourquoi feindre de l'ignorer ?
Ces concerts ſont pour vous ; c'eſt la nouvelle fête
Qu'Hilas vous a fait préparer.

et la danſe entrent par les deux Bergeres chantantes

SCÈNE

SCÈNE CINQUIÈME.

ISSÉ, DORIS, HILAS,
Suite d'HILAS.

(*On danse.*)

HILAS, à ISSÉ.

Nymphe, jugés ici de ma flâme fidelle,
   Souffrés que, par d'aimables jeux,
   Mon hommage se renouvelle;
   Et n'opposés point à mes feux
   Une indifférence éternelle.

ISSÉ.

La seule indifférence assure un sort heureux.

HILAS.

L'amour a tout soumis à ses loix souveraines,
Il fait sentir ses feux dans l'humide séjour;
Il blesse de ses traits, il charge de ses chaînes
    La fière Diane & sa Cour.
Mais il n'est pas encor content de sa victoire,
    Le cœur d'Issé manque à sa gloire.

B

Aimés, aimés, ne soyés plus rebelle
A de tendres desirs :
Suivés l'Amour qui vous appelle,
Par la voix des plaisirs.

Chœur.

Aimés, aimés, ne soyés plus rébelle
A de tendres desirs :
Suivés l'Amour qui vous appelle
Par la voix des plaisirs.

(On danse.)

Deux Bergères.

Les doux plaisirs habitent ce bocage,
Des plus longs jours, ils nous font des momens.
Les Rossignols par leurs concerts charmans,
Le bruit des eaux, le Zéphire & l'ombrage,
Tout sert ici, l'Amour & les Amans.

(On danse.)

Hilas.

Sans succès, belle Issé, quitterai-je ces lieux ?
Pouvés-vous plus long-tems résister à ma flâme ?

Quoi ! l'Amour a-t-il mis tous ses traits dans vos yeux ?
N'en a-t-il point gardé pour soumettre votre âme ?

Vous ne répondés rien ! Hélas ! Quelle rigueur !
Il semble qu'avec ma langueur,
Votre injuste fierté s'augmente.
Ne verrai-je jamais la fin de mon malheur ?
Rendrés-vous chaque jour ma chaîne plus pesante ?

Mais c'est trop vous lasser d'une vaine douleur,
Je vous laisse, Nymphe charmante :
Songés du moins que votre cœur
Ne peut être le prix d'une ardeur plus constante.

ISSÉ.
Autant que je le puis, je résiste aux Amours,
De leurs traits dangereux, je redoute l'atteinte :
Heureuse, si ma crainte
M'en défendoit toujours !

12   ISSÉ,

Chœur.

Aimés, aimés, ne soyés plus rebelle
A de tendres desirs :
Suivés l'Amour qui vous appelle
Par la voix des plaisirs.

fermeture

Fin du premier Acte.

demoiselles des chœurs,
habits de Pastres et

ACTE SECOND.

Le Théâtre représente le Palais d'Issé, & ses Jardins.

SCÈNE PREMIÈRE.
ISSÉ, DORIS.

ISSÉ.

Amour, laisse mon cœur en paix.
Mille autres se feront un plaisir de se rendre;
Ne te plais-tu, cruel, à blesser de tes traits,
 Que ceux qui veulent s'en défendre?
Mille autres se feront un plaisir de se rendre;
 Amour, laisse mon cœur en paix.

14   ISSÉ,

DORIS.

Je vois Philémon qui s'avance,
Cet aimable Étranger cherche par-tout vos yeux;
Sans doute, c'est l'amour qui l'amène en ces lieux.

ISSÉ.

Il faut éviter sa présence;

SCÈNE SECONDE.

ISSÉ, DORIS, APOLLON et PAN,
déguisés en Bergers.

APOLLON.

Belle Nymphe, arrêtés. D'où vient cette
rigueur ?
Quelle injuste fierté vous guide ?
Hélas ! par vos mépris, n'abattés point un
cœur
Qui n'est déjà que trop timide.

ISSÉ.

De quoi vous plaignés-vous, & pourquoi
m'arrêter ?
Berger, qu'avés-vous à me dire ?

APOLLON.

Hélas ! pouvés-vous en douter ?
Vous entendés que je soupire.

Vous lisés dans mes yeux le secret de mon
  cœur,
Je ne puis plus cacher le trouble de mon
  âme,
  Et mon désordre & ma langueur,
  Tout vous fait l'aveu de ma flâme.
Quel silence ? quel trouble ? ah ! vous aimés
  Hilas ?

Issé.

Quand mon cœur l'aimeroit, je n'en rougi-
  rois pas.

Apollon.

Vous l'aimés donc ? ô Ciel ! quel rigoureux
  supplice !
En quels maux cet aveu vient-il de me jetter !
Vous l'aimés ! c'en est fait, il faut que je pé-
  risse ;
Mes jours ne tenoient plus qu'au plaisir d'en
  douter.

Issé.

Que vois-je ! a quel erreur vous laissés vous
  séduire ?
         Non,

Non, non, vous n'avés point de rivaux satisfaits.
Je n'aime point Hilas, c'est envain qu'il sousoupire ;
Non, je ne l'aimerai jamais.

Ah ! que ne puis-je aussi bien me défendre
D'un trait plus doux dont je me sens fraper !
Mais, que dis-je ! je crains de vous en trop apprendre.
Mon funeste secret est prêt à m'échapper.

APOLLON.
Achevés, belle Issé ; rendés-vous à mes larmes ;
Bannissés d'un seul mot mes cruelles allarmes.
Pour qui sont ces tendres soupirs ?
Ah ! ne suspendés plus mes maux, ou mes plaisirs.

ISSÉ.

Cessés, cessés une ardeur si pressante,
Je ne veux plus vous écouter.

APOLLON.

Arrêtés, Nymphe trop charmante.

C

ISSÉ.
Non, laissés-moi vous éviter.
APOLLON.
Vous me fuyés, & je vous aime.
ISSÉ.
Je suis l'Amour, quand je vous fuis.
APOLLON.
Dissipés le trouble où je suis.
ISSÉ.
N'augmentés pas celui qui m'agite moi-même.
APOLLON.
Rendés-vous à mes feux.
ISSÉ.
Ne tentés plus mon cœur.
APOLLON.
Pourquoi craindre d'aimer ?
ISSÉ.
On doit craindre un vainqueur.

SCÈNE TROISIÈME.

PAN, DORIS.

PAN.

Ne songés point à m'éviter,
Doris, que leur amour fasse naître le nôtre.
Si vous voulés les imiter,
Mon cœur est prêt, & n'attend que le vôtre.

DORIS.

Les Bergers offrent leur cœur
A la première Bergère ;
Ce n'est pas pour eux une affaire
De risquer un peu d'ardeur ;
Mais pour nous, le choix d'un Vainqueur
Est plus dangereux à faire.

PAN.

Avant de nous mieux engager,
Essayés si mon cœur accommode le vôtre ;
S'ils ne sont pas faits l'un pour l'autre
Il est bien aisé de changer.

ISSÉ,

Doris.

Vous parlés déjà d'inconstance,
C'est le moyen de m'allarmer.

Pan.

Par ma sincérité, je veux me faire aimer,
Et je parle comme je pense.

Je ne réponds jamais aux Belles
De la constance de ma foi :
Mais ceux qui promettroient des ardeurs éternelles
Seroient moins sincères que moi,
Et ne seroient pas plus fidèles.

Doris.

L'amour n'est point charmant pour de foibles desirs ;
Vous ignorés le poids de ses plus douces chaînes.

Pan.

Je me prive des grands plaisirs,
Pour m'exempter des grandes peines.

PASTORALE HÉROIQUE.

ENSEMBLE.

PAN. { Il faut traiter l'Amour de jeu,
DORIS. { Pourquoi traiter l'Amour de jeu,

PAN. { Autrement il est trop à craindre,
DORIS. { Quels tourmens ses nœuds font-ils craindre !

On ne doit point bruler d'un feu
Qu'il soit { difficile / trop facile } d'éteindre.

PAN.

O vous, qu'on entend chaque jour
Célébrer en ces lieux quelque nouvel amour,
Habitans fortunés de ces prochains bocages,
Vénés prendre part à mon choix ;
Et que Doris apprenne par vos voix,
Qu'il n'est d'heureux Amans que les Amans volages.

SCÈNE QUATRIÈME.

PAN, DORIS, Bergers, Bergeres et Pastres.

(On danſe.)

Chœur.

Changeons toujours
Dans nos amours,
Heureux un cœur volage !
Changeons toujours,
Dans nos amours,
Nous aurons de beaux jours.
L'Amour veut qu'on s'engage ;
Que faire du bel âge
Sans son secours ?

(On danſe.)

Un Berger, *alternativement avec le* Chœur.

Formés les plus doux nœuds,

PASTORALE HÉROÏQUE. 23

    Aimés sans peine,
Formés les plus doux nœuds,
    Vivés heureux.

Qui souffre trop d'une inhumaine
    Doit aussi-tôt changer;
  C'est en brisant sa chaîne
  Qu'il faut s'en venger.

  Formés les plus doux nœuds,
    Aimés sans peine,
  Formés les plus doux nœuds,
    Vivés heureux.

Vous, jeunes cœurs, qu'amour entraîne,
    Fuyés les pleurs,
  Les soins & les langueurs,
Allés où le plaisir vous mène.

  Formés les plus doux nœuds, &c.

                (On danse.) *Air pour*

DORIS.

ARIETTE.

Vous, qui regnés dans ce boccage,

Venés y répondre à mes vœux,
Oiseaux, fixés vous en ces lieux ;
Favoris de l'Amour vous parlés son langage :
Quand vous chantés ce Dieu j'aime votre
ramage.

(*On danse.*)

FIN DU SECOND ACTE.

*et Demoiselles des Chœurs
des habits de Sylvains
selles des habits de Dryades.*

ACTE

ACTE TROISIEME.

Le Théâtre représente la Forêt de DODONE.

SCÈNE PREMIÈRE.
APOLLON, PAN.

APOLLON.

LA Nymphe est sensible à mes vœux;
Mais, le dirai-je, & le pourras-tu croire ?
Malgré cette douce victoire,
Je ne suis pas encore heureux.

PAN.
Quoi ! vous avés fléchi l'objet qui fait vous plaire,
Et vous osés former d'autres vœux en ce jour!
Apollon croit-il que l'Amour
N'ait que lui seul à satisfaire ?

APOLLON.
Je ne borne point mes desirs
A l'imparfait bonheur d'une flâme vulgaire;
Achève, achève Amour, de combler mes plaisirs;
Tu sais ce qui te reste à faire.

Et toi, Pan, regarde ces lieux,
Ils doivent dissiper le trouble qui t'étonne.

PAN.
Je voi la fameuse Dodone,
Dont les chênes mysterieux
Annoncent aux mortels la volonté des Dieux :
Quel fruit en pouvés-vous attendre ?

APOLLON.
Issé les consulte en ce jour:
Et par l'oracle qu'ils vont rendre,
Je saurai si son cœur mérite mon amour.
Mais j'apperçois Hilas.

PAN.
Il vient ici se plaindre.
Laissons un libre cours à ses justes douleurs;
C'est assés de causer ses pleurs,
Sans vouloir encore les contraindre.

PASTORALE HÉROÏQUE. 27

SCÈNE SECONDE.

HILAS.

SOMBRES deserts, témoins de mes tristes regrets,
Rien ne manque plus à ma peine.

Mes cris ont fait cent fois retentir ces forêts
De la froideur d'une inhumaine :
Hélas ! que n'est-ce encor le sujet qui m'amène ?
L'ingrate de l'Amour ressent enfin les traits ;
Un perfide penchant l'entraîne.

Sombres deserts, témoins de mes tristes regrets,
Rien ne manque plus à ma peine.

Dieux ! qui l'amène ici ! les Amours sont ses guides,
J'en sens croître mon désespoir.
Je porte sur ses yeux mille regards timides ;
Ils ont encor sur moi leur rigoureux pouvoir ;
Et tout traîtres qu'ils sont, tout ingrats, tout perfides,
Je me plais encore à les voir.

SCÈNE TROISIÈME.
HILAS, ISSÉ, DORIS.

HILAS.

Cruelle, vous souffrés ici de ma présence;
De mes tendres regards, vous détournés vos yeux.

ISSÉ.

Je ne m'attendois pas de vous voir en ces lieux.

HILAS.

On évite toujours un amant qu'on offense.

ISSÉ.

Je viens ici pour consulter les Dieux,
Ne vous opposés point à mon impatience.

HILAS.

Inhumaine, arrêtés. Que craignés-vous? hélas!
Mes soupirs & mes pleurs font toute ma vengeance.

Issé.

Oubliés une ingrate, & ne la pleurés pas

Hilas.

Qui vous forçoit de l'être à ma persévérance.

Issé.

Accusés-en l'Amour qui m'a fait violence.

Hilas.

Non, cruelle, c'est vous qui voulés mon trépas,
C'est votre foible resistance ;
Vous bravés la raison qui prenoit ma défense.

Issé.

Quand on suit l'amoureuse loi,
Est-ce par raison qu'on aime ?

Vous m'aimés malgré vous-même,
J'en aime un autre malgré moi.

Quand on suit l'amoureuse loi,
Est-ce par raison qu'on aime ?

Hilas.

C'en est donc fait, ingrate? o sort infortuné!
A quels affreux malheurs me vois-je condamné!
 Dieux cruels, Dieux impitoyables;
 Que ne refusés-vous le jour
  A tous ceux que l'Amour
  Doit rendre misérables.

Issé.

Dans quel cruel chagrin vous laissés-vous plonger?

Hilas.

 La pitié que vous voulés feindre
 Ne sert encor qu'à m'outrager
 C'est une cruauté de plaindre
 Des maux que l'on peut soulager.

Issé.

Je vois avec douleur le tourment qui vous presse;
Un autre sentiment n'est pas en mon pouvoir.

PASTORALE HÉROIQUE.

HILAS.

Ne me plaignés donc point, votre pitié me
    blesse;
C'est un mépris pour moi, puisqu'elle est
    sans tendresse.

ISSÉ.

Je vais vous épargner le chagrin de la voir.

HILAS.

    Non, non, ingrate que vous êtes,
Vous n'échapperés point à mes justes regrets.
Ne croyés pas que je vous laisse en paix
    Jouir des maux que vous me faites.
J'aurai du moins, malgré vos mépris odieux,
Le funeste plaisir de m'en plaindre à vos yeux.

SCÈNE QUATRIÈME.

PAN, DORIS.

PAN.

Doris, je vous cherche en tout lieux,
Sans cesse mon amour accroît sa violence.
Mon cœur trop épris de vos yeux,
N'est content qu'en votre présence.

DORIS.

Il sembleroit en ce moment
Que votre amour seroit extrême,
Il s'est augmenté promptement,
Mais il s'affoiblira de même.

PAN.

Ah! pourquoi prenés-vous cet injuste détour ?
Faut-il, dans l'avenir me chercher une offense ?
Ingrate, en voyant mon amour,
Pourquoi prévoir mon inconstance ?

DORIS.

DORIS.

Non, je ne veux jamais partager vos desirs,
   Mon cœur craint trop de faire un infidèle?
  La peine qui suit les plaisirs.
    N'en est que plus cruelle.

PAN.

Vous vous consoleriés dans une amour nouvelle
  De la perte de mes soupirs.

    Le moment qui nous engage
    Est un agréable moment ;
    Mais celui qui nous dégage
    Ne laisse pas d'être charmant.

Croyés-moi, bannissés une crainte inquiète,
Doris, laissés-moi vivre heureux sous votre loi.

DORIS.
Voulés-vous que j'accepte une volage foi,
Moi qui brulai toujours d'une flâme parfaite.

PAN.
Eh bien! vous ferés avec moi
L'essai d'une douce amourette

E

L'amour n'aura pour nous que de charmans
   appas ;
Nous briserons nos fers, quand nous en
   serons las.

Doris.

Eh bien ! à votre amour je ne suis plus re-
 belle,
 Et je consens enfin à m'engager.
  Voyons, dans notre ardeur nouvelle,
  Si vous m'apprendrés à changer :
  Ou si je vous rendrai fidèle.

Ensemble.

Cédons à nos tendre desirs,
 Qu'un heureux penchant nous en-
  traîne ;
 Et que l'amour laisse aux plaisirs
 Le soin de serrer notre chaîne.

Pan.

Mais on vient en ces lieux ; suspendons nos
 soupirs.

*laquelle le Grand Prêtre les
chœurs entrent par le fond*

SCÈNE CINQUIÈME.

ISSÉ, LE GRAND PRÊTRE
de la Forêt de Dodone.

PRÊTRES ET PRÊTRESSES.

LE GRAND PRÊTRE.

Ministres, révérés de ces lieux solitaires,
Vous, qu'une sainte ardeur retient dans ce
 séjour ;
Commencés avec moi nos auguftes myftères ;
Qu'Iffé fache le fort que lui garde l'Amour.

CHŒUR.

Commençons nos myftères ;
Qu'Iffé fache le fort que lui garde l'Amour.

LE GRAND PRÊTRE.

Arbres facrés, rameaux myftérieux,
Troncs célèbres, par qui l'avenir fe révèle,
Temple que la nature élève jufqu'aux Cieux,
A qui le printems donne une beauté nouvelle ;
 Chênes divins, parlés tous,
 Dodone, répondés-nous.

E ij

ISSÉ,

Chœur.

Chênes divins, parlés tous,
Dodone, répondés - nous.

LE GRAND PRÊTRE.

Mais déjà chaque branche agite sa verdure,
Les arbres s'emblent s'ébranler :
Chaque feuille murmure,
L'Oracle va parler.

L'ORACLE.

Issé va s'enflâmer de l'ardeur la plus belle,
Apollon doit être aimé d'elle.

ISSÉ, à part.

O Ciel ! quel oracle pour moi !
Que d'affreux malheurs je prévoi !

LE GRAND PRÊTRE.

Dryades & Silvains, venés lui rendre
hommage ;
Honorés Apollon dans celle qui l'engage.

PASTORALE HÉROÏQUE.

SCÈNE SIXIÈME.
ISSÉ, LE GRAND PRÊTRE
de la forêt de Dodone.
PRÊTRES ET PRÊTRESSES, SILVAINS, DRYADES.

CHŒUR.

Chantons, chantons Issé, chantons ses traits vainqueurs.
Célébrons ses beaux yeux, maîtres de tous les cœurs.

(On danse.)

UNE DRYADE.

Ici les tendres oiseaux
Goûtent cent douceurs secrettes,
Et l'on entend ces côteaux,
Retentir des chansonnettes
Qu'ils apprennent aux échos.

(On danse.)

38 ISSÉ,

LA DRYADE.

Sur ce gazon, les ruisseaux
Murmurent leurs amourettes;
Et l'on voit jusqu'aux ormeaux ?
Pour embrasser les fleurettes,
Pencher leurs jeunes rameaux.

nent

(On danse.)

FIN DU TROISIÈME ACTE.

tres et tailles vont prendre songer. Les D.lles Idem.

ACTE QUATRIEME.

(*Le Théâtre représente une Grotte.*)

SCENE PREMIÈRE.

Issé.

Funeste Amour! ô tendresse inhumaine!
Pourquoi vous inspirois-je au cœur d'un
  Dieu jaloux?
  J'aurois mieux aimé son courroux,
  Je craignois cent fois moins sa haine.
  Quel destin pour moi! quelle peine!

(*On entend un espèce d'écho qui lui répond.*)

Qu'entends-je? quelle voix se mêle à mes
  sanglots?
Qui me répond ici? seroient-ce les échos?

Hélas ! ne cessés point de partager ma plainte,
Plaignés l'état où je me vois ;
Soupirés des tourmens dont je me sens atteinte,
Et gémissés du sort qui s'oppose à mon choix.

Vainement, Apollon, votre grandeur suprême
Fera luire à mes yeux ce qu'elle a de plus doux ;
Je ne changerai pas pour vous
Le fidèle Berger que j'aime.

Mais quel concert harmonieux
Vient troubler le silence & la paix de ces lieux ?

Chœurs et les Messieurs des ent— Tailles et Hautes-Contres.

SCÈNE

PASTORALE HÉROÏQUE.

SCÈNE SECONDE.

ISSÉ, LE SOMMEIL, SONGES.

CHŒUR.

Belle Issé suspendés vos plaintes ;
Goutés les charmes du repos.
Le sommeil pour calmer vos craintes,
Vous offre ses plus doux pavots.

ISSÉ.

Qui vous intéresse à ma peine ?
Apprenés-moi du moins quel ordre vous amène,
Quel Dieu propice est touché de mes maux.

CHŒUR. *(On danse.)*

Belle Issé, &c.

ISSÉ.

C'en est fait ; le repos va suspendre mes larmes.
Envain la douleur que je sens
Veut me défendre de ses charmes.
Le sommeil, malgré moi, s'empare de mes sens. *(On danse.)*

F

42 ISSÉ,

LE SOMMEIL.

Songes, pour Apollon, signalés votre zèle :
Il veut de cette Nymphe, éprouver tout l'amour.
Tracés à ses esprits une image fidèle
De la gloire du Dieu du jour.

✗ Faire descendre le Sommeil

...relie.

...eurs et
...chants vont
...ts de Péruviens
...es et Asiatiques.

SCÈNE TROISIÈME.

HILAS, ISSÉ, *endormie.*

HILAS.

Que vois-je ? c'est Issé qui repose en ces lieux !
J'y venois pour plaindre ma peine :
Mais mes cris troubleroient son repos précieux ;
Renfermons dans mon cœur une tristesse vaine.

Vous ruisseaux, amoureux de cette aimable plaine,
Coulés si lentement, & murmurés si bas,
Qu'Issé ne vous entende pas.
Zéphirs, remplissés l'air d'une fraîcheur nouvelle,
Et vous, échos, dormés comme elle.

Que d'attraits ! que d'appas ! contentés-vous mes yeux,

Parcourés tous ses charmes,
Payés-vous, s'il se peut des larmes
Que vous avés versé pour eux.

ISSÉ *se réveillant.*

Qu'ai-je pensé ? quel songe est venu me sé‑
  duire ?
J'ai cru voir Apollon quitter les cieux pour
  moi ;
Je me trouvois sensible à l'ardeur qui l'ins‑
  pire ;
Un mutuel amour engageoit notre foi.
Hélas ! cher Philemon, pour qui seul je
  soupire,
Ne me reprochés pas ces songes impuis‑
  sans.
Mon cœur n'a point de part à l'erreur de
  mes sens.

HILAS.

Ciel ! qu'entens-je & le puis-je croire ?
Quoi ! le tendre Apollon, qui veut vous
  engager,
Ne peut à mon rival arracher la victoire ?
Quand vous charmés un Dieu, vous aimés
  un Berger.
Et j'ai contre ma flâme & l'amour & la gloire !

C'en est trop. Il faut fuir vos funestes attraits.
Je vais traîner ailleurs une mourante vie.
L'Amour ne m'offre ici que de cruels objets.
Vos feux, mon désespoir, ma constance trahie,
Cruelle, tout m'engage à ne vous voir jamais.

(*Il sort.*)

ISSÉ.

Que je plains les malheurs dont sa flâme est suivie !

SCÈNE QUATRIÈME.

PAN, ISSÉ.

PAN.

PHILEMON, belle Issé, souffre un sort rigoureux,
L'Oracle, l'étonne & l'allarme.
Il craint qu'infidèle à ses vœux,
Ce qui l'afflige ne vous charme.

ISSÉ.

Où pourrai-je le rencontrer?
Je brule de détruire un soupçon qui m'outrage.

PAN.

Je l'ai laissé dans le prochain boccage.

ISSÉ.

Vole, Amour, suis mes pas; & viens le rassurer.

FIN DU QUATRIÈME ACTE.

ACTE CINQUIEME.

(*Le Théâtre représente une Solitude.*)

SCÈNE PREMIÈRE.

APOLLON, ISSÉ.

APOLLON.

Non je ne puis me rassurer;
Par vos sermens & par vos larmes,
Vous tâchés vainement de bannir mes allar-
  mes:
Non, je ne saurois espérer
Que vous vouliés me préferer
Au Dieu puissant qui se rend à vos charmes.

ISSÉ.

Croirai-je, ingrat, que vous m'aimés,
Si vous refusés de me croire?

ISSÉ,

APOLLON.
Les nœuds que l'amour a formés
Vont être brisés par la gloire :
Pardonnés mes transports jaloux ;
J'ai tout à redouter, puisqu'elle est ma rivale.

ISSÉ.
Je ne la connois point cette gloire fatale,
    Mon cœur ne reconnoît que vous.
  Je le disois à cette solitude,
    Elle sait mes tourmens secrets ;
Que ne peut-elle, hélas ! répéter mes regrets,
    Pour vous tirer d'inquiétude !

    C'est moi qui vous aime
    Le plus tendrement.

ENSEMBLE.

    C'est moi qui vous aime
    Le plus tendrement.

    Si vous m'aimiés de même,
    Mon sort feroit charmant.

    C'est moi qui vous aime
    Le plus tendrement.

APOLLON.

PASTORALE HÉROÏQUE.

APOLLON.
Non, non, vous m'oublierés pour la grandeur suprême.

ISSÉ.
Que vos soupçons me font souffrir,
Ciel ne puis-je vous en guérir ?

Apollon, en ces lieux hâtés-vous de paroître :
Par des attraits pompeux, tâchés de m'attendrrir.
Ce Berger, de mon cœur sera toujours le maître ;
Et les vœux éclatans que vous viendrés m'offrir
Ne serviront... Hélas ! qu'ofai-je dire !
Mes transports indiscrets pressent votre malheur.
Ce Dieu qu'un vain amour inspire,
Se vengera sur vous du refus de mon cœur.

Mais, que vois-je ? quelle puissance
En un palais superbe a changé ce séjour ?

(*Le Théâtre change & représente un palais magnifique ; on voit les Heures sur des nuages.*)

G

APPOLLON.

Je vois les Heures : leur préfence
Nous annonce le Dieu du jour.

ISSÉ.

Ah fuyons, cher amant ! qui pourroit nous
défendre
De la fureur d'un Dieu jaloux ?

APOLLON.

Non, je veux le fléchir, ou mourir fous
fes coups.

ISSÉ.

Par quel frivole efpoir vous laiffés-vous fur-
prendre ?
Fuyons, dérobons-nous tous deux à fon
couroux.

APOLLON.

Nos pleurs l'attendriront.

ISSÉ.

Je tremble, je friffonne.

PASTORALE HÉROÏQUE.

APOLLON.

Croyés-en mon espoir, plutôt que votre effroi.

ISSÉ.

Ingrat, veux-tu périr?

APOLLON.

Que rien ne vous étonne.

ISSÉ.

Ôte-moi donc l'amour dont je brûle pour toi,
Je ne me connois plus, la raison m'abandonne,
Jouis, cruel, jouis du trouble où tu me voi.
Un désespoir affreux de mes esprits s'empare.
Ciel! où suis-je! que vois-je! arrêtés, Dieu barbare.
Où portés-vous votre injuste fureur?
Épargnés mon amant, percés plutôt mon cœur...

APOLLON.

Ah! c'est trop belle Issé, voyés couler des larmes

Que je verse à la fois de joie & de douleur ;
Je suis ce Dieu cruel qui cause vos allarmes,
Et ce tendre Berger si cher à votre cœur.

Issé.

Vous ?

Apollon.

Nymphe trop fidelle,
Issé, pardonnés-moi cette épreuve cruelle.

Issé.

Vous, Apollon ? Malgré les maux que j'ai
souffertrs,
Si vous m'en aimés mieux, que ces maux me
sont chers !

Apollon.

Heures, marqués l'instant de ma félicité.
Vous mortels, accourés, célébrés la beauté
La plus tendre & la plus fidele.
L'Amour forme pour nous une chaîne éter-
nelle,
Venés, applaudissés à mes heureux soupirs ;
Pour prix de mes bienfaits, célébrés mes
plaisirs.

PASTORALE HÉROÏQUE.

SCÈNE SECONDE & derniere.

APOLLON, ISSÉ, LES HEURES,

PEUPLES *des quatre parties du monde.*

EUROPÉENS, EUROPÉENNES, AFRIQUAINS, AFRIQUAINES, ASIATIQUES, CHINOIS ET CHINOISES, AMÉRIQUAINS ET AMÉRIQUAINES.

CHŒUR.

QUE tes plaisirs sont doux ! que ta gloire
  est extrême !
Que ta félicité dure autant que toi-même.

    [*On danse.*]

APOLLON.
Amour, sous ce riant ombrage,
Vole, viens dans mon cœur lancer de nou-
  veaux traits ;
Règne, jouis de mon hommage,
Tu triomphes par tes bienfaits.

ISSÉ.

De la Beauté le doux sourire
Fait oublier tous les malheurs,
Son charme embellit ton empire;
Il fait de tes liens une chaîne de fleurs.

Amour, sous ce riant ombrage,
Vole, viens dans mon cœur lancer de nouveaux traits;
Règne, jouis de mon hommage,
Tu triomphes par tes bienfaits.

BALLET GÉNÉRAL *qui termine l'*OPERA.

FIN.